POEMS of LOVE

VIVIANA HALL

RoseDog 🐾 Books
PITTSBURGH, PENNSYLVANIA 15238

RoseDog Books
585 Alpha Drive, Suite 103
Pittsburgh, PA 15238
Visit our website at *www.rosedogbookstore.com*
Visit the author's website at http://*vivianahall.com*

ISBN: 978-1-64913-058-7
eISBN: 978-1-64913-073-0

Book Design by Tracy Reedy
Cover Design by Viviana Hall
Photography by Danny Cooper

ACKNOWLEDGMENTS

My deep gratitude goes to the following fellow writers of the
Coastal Dunes California Writers Club and the Word Wizards
critique group, who helped shape this collection:
Renée Geffken, Barbara Hodges, Wanda Porter, and Carole Wagener.

Viviana Hall

ESTE LIBRO ESTA DEDICADO A WALT WHITMAN

THIS BOOK IS DEDICATED TO WALT WHITMAN

POEMS of LOVE

"DEL OCEANO RODANTE, DE LA MULTITUD"
Walt Whitman

Del incesante océano, de la multitud,
una gota se me acercó suavemente, murmurando:
Te amo, pronto habré muerto, larga es
la distancia que he recorrido sólo
para mirarte y para tocarte.
Porque no podría morir sin haberte visto,
porque sentí el temor de perderte.

Ahora nos hemos encontrado, nos hemos visto,
estamos salvados.
Vuelve en paz al océano, amor mío,
Yo también formo parte del océano,
No somos tan distintos.

Mira que perfecta es la gran esfera, la cohesión de todas las cosas!
Pero a los dos nos vá a separa el mar irresistible.

Esta hora nos ha de separar, pero no eternamente.
No te impacientes – aguarda un instante mira,
Saludo al viento, al océano y a la tierra,
Cada día al atardecer por tu amor, mi amor.

"OUT OF THE ROLLING OCEAN THE CROWD"
By Walt Whitman

Out of the rolling ocean, the crowd,
came a drop gently to me, whispering:
I love you, before long I die,
I have travelled a long way merely
to look on you, to touch you,
For I could not die till look'd on you,
for I fear I might afterward lose you.

Now we have met, we have look'd,
we are safe.
Return in peace to the ocean my love,
I too am part of that ocean, my love,
we are not so much separated.

Behold the great rondure, the cohesion of all, how perfect!
But as for me, for you, the irresistible sea is to separate us,

As for an hour carrying us diverse, yet
cannot carry us diverse forever;
Be not impatient – a little space - know you
I salute the air, the ocean and the land,
Everyday at sundown for your dear sake, my love.

EN LA MULTITUD

A partir de entonces,
comencé a pensar en él.
Alguien que nunca conocí.

La única alternativa sensata fué
confiar en el océano rodante.

IN THE CROWD

I thought of him ever since.
Someone I never met.

The only sensible thing to do was to
trust the rolling ocean.

ENAMORADA DE UN EXTRAÑO

Enamorada de un extraño:
nombre y rostro desconocidos.

Pensando en este hombre
comienzo a verlo en tí,
cuando pensativo tú me miras.

Con infinitas caricias contenidas en las manos,
nos quedamos en silencio
bajo las sombras de besos nunca dados.

IN LOVE WITH A STRANGER

In love with a stranger:
name unknown, face I've never seen.

Thinking of this man,
I start to see him coming from you
when pensive you look at me.

Infinite caresses contained in hands,
we remain in silence,
under the shadows of kisses never delivered.

EL PAIS QUE NADIE VISITO

Fueron días de silencio,
amaneceres borroneados-lágrimas de arcoiris.
Campos de hierbas altas, dobladas
al paso del viento del Norte.

Entonces,
el mundo era un constante interrogante,
el hábito de la palabra clara, la sonrisa abierta.

Sin embargo,
las manos se cansan de dibujar en el aire
paisajes no reconocidos, y en las noches
yace a solas el país que nadie visitó.

THE COUNTRY NOBODY VISITED

Those were days of silence,
sunrises washed by the rainbow tears.
Fields of tall grass bent by
the passing of the Northern wind.

Then,
the world was a constant questioning,
the habit of always the right word, the open smile.

Yet,
hands tire of drawing in the air
landscapes no longer familiar, and at night
lies alone the country nobody visited.

VERANO

Una conversación largamente añorada
en la íntima voz del silencio.

Un secreto compartido en la
complicidad de la inocencia.

Rendidos ante tánta belleza,
nos acercamos.

El fruto más dulce madura.

SUMMER

A conversation longed for in
the intimate voice of silence.

A secret shared in
the complicity of innocence.

Surrendered to beauty,
we get closer.

The sweetest fruit ripens.

RIO ABAJO

En los surcos creados por esas
piedras empujadas por la corriente,
están las huellas de penas ya pasadas.
El río se desplaza indiferente al
cielo reflejado en su vertiente.
El viento empuja este cuerpo inhaprensible.

Tal vez te gustaría saber,
por primera vez,
los gansos salvajes hicieron aquí una parada.
El domingo, una pareja de águilas calvas
volaron sobre el jardín.
Hay faisanes escondidos en las rosas salvajes
y los pinos balanceándose incesantemente
terminan de nombrarte, solamente cuando
se enciende en la noche la primer estrella.
Regresando del Azul Infinito,
el cardinal se anida al tope del árbol más alto.

Cada día al atardecer,
recupero en mis brazos
las caricias originals cuando
se reconocieron nuestros cuerpos.

DOWN RIVER

In the furrows made by those
stones dislodged by the current, are
the tracks of past sorrows.
The river goes on indifferent to
the sky reflected in its surface.
The wind pushes this unattainable body.

Perhaps you would like to know,
for the first time
Canadian geese made a stop, and
on Sunday, a couple of bald eagles
flew over the garden.
Pheasants hide among the wild roses, and
pines swaying tirelessly,
stop calling your name, only when
the first star shines in the early night.
Back from the infinite blue,
the cardinal returns to the top of the tallest tree.

Every day at dawn,
I recover in my arms
the original caresses when
our bodies rediscovered one another.

POEMA DE AMOR

Por tí amanece y atardece cada día y
se visten the gala las estrellas,
Es por tí, que
en las calles titilan los semáforos y
corren los niños en patines.
Por pronunciar tu nombre,
se mueren mis labios y
demoran cada sílaba hasta decirlo.
Por tu mirada distraída y tu andar,
los porteros uniformados
pían como gorriones.
Por verte, se descuelgan las arañas
y tejen tramas infinitas en tu suelo.
Por tus manos,
se convierte en rocío la lluvia
y cae la nieve en copos.
Por tu aliento crecen besos perfumados y
asoma la ternura en cada sitio.

POEM OF LOVE

Because of you there is
dawn and dusk every day, and
stars dress for a gala.
It is for you in the streets
traffic lights signal, and
children run on roller skates.
To voice your name,
my lips hunger, and
savor every syllable until I've said it.
For your gaze and your swagger,
the uniformed doorman
tweet like a sparrow.
Just to see you, the spiders lower themselves
and spin their webs at your feet.
For your hands alone
rain changes into dew, and
snow falls in myriad flakes.
From your breath,
come luscious kisses, and
tenderness appears everywhere.

Cuando tú te alejas,
o parpadeas,
cae el miedo derramado en las esquinas.
Es por tí que vocean los vendedores de diarios, y
gritan tu nombre las golondrinas
buscando paises cálidos.
Por la geografía de tu cuerpo,
corren los rios deshelados y
florecen los campos.
Por las noches cuando duermes,
caen uno a uno los sueños
para entibiarte el lecho.
Es por tu abrazo que
giran las astas de los molinos y
los árboles desnudos lloran el invierno.
Por tenerte cerca,
Se pone bello todo lo que tu tocas.
Para que tú los oigas,
enseñan a los niños en las escuelas a decir:

                                        Te Amo

But when you depart
as in the blink of an eye,
fear spreads everywhere.
It is for you alone the
newspaper boy hawks his extra, and
the swallow sings your name.
Along the contours of your body,
melts the frozen river that
brings nature to flower.
At night as you sleep,
one by one, dreams come
just to keep you warm.
It is for your embrace the
arms of the windmill turn, and
leafless trees cry out the winter.
Having you near,
everything you touch becomes beauty.
So that you should hear them,
children in school are taught to say:

                                    I Love You.

TÚ ME ROBASTE LA LUNA

❦

Es solo una esfera blanca en la oscuridad.
Sin embargo, muchos comparten sus más
secretos sentimientos con la Luna.
A solas ó en pareja,
los enamorados siempre le han confiado.

En misteriosas maneras, esta silenciosa cómplice
ejercita su poder en los que
contemplando el cielo de noche,
encuentran en su refugio la perfecta confidente.

YOU STOLE THE MOON FROM ME

It's just a white sphere in the dark.
Yet, many share their most
secret feelings with the Moon.
Alone or in couples,
lovers have always trusted it.

In mysterious ways,
this silent accomplice conducts its power on
all that when watching the night sky,
find in its shelter the perfect confidant.

ANTICIPACION

❦

"Hasta que la muerte nos separe"

Tomo tu nombre para que nos guíes
hacia los días por venir:

Niños jugando en las habitaciones de una casa donde
piano, violin, flauta, y guitarra,
invitan cada noche la celebración de la vida.

Veo flores,
muchas fotografías en las paredes,
una cocina atareada horneando nuestro pan.
Puedo sentir el aroma de ese sitio:
un espacio poblado de risas existe en el tiempo.

ANTICIPATION

"Till death do us part"

I'll take your name for you to
lead us onto the days to come:

Children playing in the rooms of a house, where
piano, violin, flute, and guitar,
invite every night the celebration of life.

I see flowers,
many pictures hanging on the walls,
a busy kitchen baking our daily bread.
I can feel the smell of that place:
A space filled with laughs exists in time.

CANCION

Hoy,
quiero invitarte a celebrar conmigo
todas las vidas que tocaron nuestras vidas.
Todo lo que amamos,
cada causa que sostenemos.

En este largo viaje
hacia tí, hacia mí,
infinitas manos, bocas, voces.
Encuentros breves y largos,
creando quien somos.
Ellos no el azar, nos acercaron.

SONG

Today,
I like to invite you to celebrate
all the lives that touched ours.
Everything we love,
every cause we pursue.

Along this long journey
to you, to me,
infinite hands, mouths, voices.
Encounters brief and long,
wove the fabric of who we are.
They not faith, brought us close.

DESPEDIDA

⬥

Un viento fuerte arrancó
el árbol de abedul a la derecha de nuestra casa.
Tres hombres vinieron armados con motosierras.
Ni un rastro quedó de ese árbol,
solo el tocón que soportó un día
la magnífica copa que estación tras estación,
albergó la comunidad de pájaros.

Anticipando otros vientos invernales,
el abedul a la izquierda de nuestra casa
fué también quitado.
Dos tocones de árbol son ahora el
silencioso testimonio de una existencia que
por mucho tiempo bendijo nuestro sitio.

Entonces,
fuiste tú, mi querido compañero.
Tu leal amistad por tanto tiempo duradera,
arrebatada en el fatal segundo de esta hora.
Compartiendo una última amorosa mirada,
gentil como eras y no a solas,
sin miedo y con confidencia,
transcendiste esta existencia.

FAREWELL

A strong wind took away
the birch tree on the right side of our home.
Three men came in armed with chainsaws,
no sign was left there of this tree,
just the stump that once supported
the magnificent top that season after season,
sheltered our bird colony.

In anticipation of other winter winds,
the birch tree planted at the other side
also was taken away.
Two flat stumps in the ground are now
the sole silent testimony of an existence
that had long blessed our site.

Then,
it was you, my beloved companion.
Your long friendship snapped away in
the fatal second of this hour.
We took a last loving glance at each other,
gentle as you were and not alone,
with ease and confidence you went.

JUNTO AL MAR

❦

Caminando contigo junto al mar.
Escuchamos las olas,
esa voz nunca igual del océano.
En graciosa danza colectiva,
pájaros pequeños corren hacia y fuera
de la última ola rompiente.
Tú remontaste tu barrilete.
La última vez que lo hiciste,
tenias doce años en
la region Alemana de Bavaria.
Te tomó un tiempo, pero lo lograste.
Más de cincuenta años luego,
el barrilete voló alto en un cielo tan vasto como
este mar salvaje junto a las Dunas de Oso Flaco.

BY THE SEA

Walking with you by the Sea.
We listened to the surf,
the ever-changing ocean's voice.
Little birds, in a gracious collective dance
ran back and forth into the last breaking wave.
You launched your kite.
The last time,
you were 12 years old in
the German region of Bavaria.
It took you a while, but you managed.
More than fifty years after,
your kite flew high again into a vast sky,
as vast as this wild ocean bordered by
the desert-like Dunes of Oso Flaco.

SOLO SER

◆

Afuera en el jardín,
bajo la sombra del naranjal.
Flores blancas perfuman el aire,
colibríes liban néctar.
Una brisa gentil refresca esta tarde cálida de
Mayo en la Costa Central de California.

JUST BEING

Outside by the garden,
under the shade of the orange tree.
White flowers perfume the air,
hummingbirds nibble nectar.
A gentle breeze refreshes this warm,
May afternoon in the California Central Coast.

OTOÑO

En el apogeo de este Otoño
corto del rosal que tú me diste,
la última flor de nuestro jardín.
Tiembla en mi mano su
breve fragante hermosura.
Le doy mi calor intentando
demorar lo inevitable.

El corazón de una rosa latiendo en
la palma de mi mano mientras
caen todas las hojas de este Otoño.

AUTUMN

◦◈◦

At Fall's peak,
from the rose bush you gave me,
I take the last flower in our garden.
Its brief fragrant beauty trembles.
I keep it in my hand warm for long
to delay what's inevitable.

The heart of a rose beating in
the palm of my hand
as autumn leaves fall.

METROPOLITANO

Pienso en las manos del Hombre,
la inocencia de los niños,
el abrazo de los amantes.
La expresión en los rostros
desplegando la dicha y el dolor, que
el paso del tiempo brinda.
Pienso en la vida y el ser humano en el
contexto universal donde nos encontramos.

Caminando las calles, veo en
este infinito océano de carne vulnerable,
gente con hambre, frío, sin vivienda, sin amor.
Doquiera que dirijo mi mirada, veo en
esta metrópolis de contrastes,
personas expuestas a dejar de ser quien son.
Un mendigo yace en la vereda y casi
dejo de caminar el mismo lado.
Como el otro día, cuando notando esos
muchachos en los pasillos del subway.

La calle es a esta hora del día,
excepcionalmente ruidosa.
Aún se puede escuchar entre los sonidos del
tráfico, las ambulancias, los carros de bomberos, y
las voces anónimas de los seres anónimos,
el latido de un corazón y un grito creciendo
de una calle a la otra,
de uno a otro,
sobre toda la ciudad.

METROPOLITAN

⊸◆⊷

I think of the hands of Men,
the trust of children,
the embrace of lovers.
The expression in faces,
displaying the sorrow and the joy
the passing of time beholds.
I think of life itself, and of the human being in the
universal context where we all meet.

Walking the streets, I see
In this infinite ocean of vulnerable flesh,
people hungry, cold, homeless, unloved.
Wherever I direct my eyes,
I see in this Metropolis of contrasts
People exposed to become someone else.
A beggar lies on the walkway and I almost
stop going on the same side.
As it happened the other day, when noticing
those guys in the subway alleys.

The street is at this time of day,
exceptionally noisy.
Still you can hear among the sounds of
traffic, ambulances, fire-trucks, and
the anonymous voices of the anonymous ones,
the beat of a heart and a scream growing.
From one street to the other,
from one person to another,
all over town.

INVIERNO

A solas,
todo el día junto al arroyo.
Con árboles desnudos,
una corriente que pronto será hielo, y
 pájaros hambrientos llorando a gritos
el arribo de la estación más larga.

Asombrosa sequencia
de vida a muerte, y
a la vida nuevamente.
Torrente incesante que
a todos nos contiene.

WINTER

Alone,
all day long by the creek.
With naked trees,
a stream that soon will be ice, and
hungry birds crying out
the coming of the longest season.

Amazing sequence
from life to death,
and into life again.
Incessant torrent where
we are all contained.

EL TIEMPO ES AHORA

En el poderoso designio
que nos dá la Vida,
los Días y las Noches,
la Tierra, las Estrellas,
el Arquitecto Eterno
se brinda por completo.

Ingratos,
hemos creado un mundo conflictivo.
Odio, Guerra, Oscuridad.
No habra mañana.
El tiempo as ahora de ser humanos.

THE TIME IS NOW

In the powerful design that
gives us Life,
Days and Nights,
Earth, the Stars,
The Eternal Architect
brings itself completely.

Ungrateful,
we have created a conflictive world.
War, Hate, Darkness.
There will be no tomorrow.
The time is now to be humane.

PRESENCIA

❖

Hoy
de la neblina del tiempo,
surge tu presencia viva a mi costado.
El corazón me inclina a nuestra calle.

Alegre,
despreocupada,
cae la tarde.

PRESENCE

Today
from the mist of time,
your presence arises at my side.
The heart leads me to our street.

Cheerful,
worry-free,
evening falls.

LLUVIA

LLueve...
Apresuradas las aves abandonan el vuelo.
Llueve...
Los surcos se ensanchan,
el campo tiene sed.
Llueve...
Sonríe un árbol silenciosamente,
el cesped reverdece
Llueve...
Germina en las entrañas de la tierra,
la simiente fértil de la siembra.

Tras la lluvia,
El deseo vago de un fruto nuevo.

RAIN

Rain falling...
Rushed the birds abandon their flight.
The Earth's furrows widen,
the fields are thirsty.
Rain falling...
A tree smiles silently,
the grass becomes green again.
Rain falling...
In the original womb,
ripens the seed of sowing.

Following the rain,
the vague desire for a new fruit.

SAUDADE

❖

Pero tú adónde estás.
En que fibra de mi ser,
en que momento de esta tarde
lenta, implacable,
en que te busco sin hallarte.

Tal vez,
por rescatar nuestras caricias,
quisiera en esta tarde lenta,
encontrarte como eras y
decirte como entonces,
todo es posible.

SAUDADE

Where are you,
in which fiber of my being,
in what moment of
this relentless afternoon,
looking for you without finding you.

Perhaps,
To rescue our caresses,
I would like in this slow afternoon,
to find you as you were and
tell you as then,
everything is possible.

TAO

Un sueño que se sueña a sí mismo.
Un sueño,
creó los mundos infinitos y
Situó el Hombre
al umbral del laberinto:

Destino de encuentros permanents.
Infinitas vidas entrelazadas,
cada dia.

TAO

A dream dreams of itself.
A dream,
created the infinite worlds.
Placed Men, at
the threshold of this labyrinth:

Destine of permanent encounters.
Infinite intertwined lives,
each day.

NOCHE

❦

Nacidas al ocaso,
las sombras anticipan noche.
Inmersos en oscuridad,
infinitos mundos brillan.

Nuestro destino está escrito
en la caligrafía de las estrellas.

NIGHT

Born by dusk,
the shadows anticipate night.
Immersed in darkness,
infinite worlds shine.

Our destine is written in
the calligraphy of the stars.

EL AMOR EN EL TIEMPO DE CORONAVIRUS

La naturaleza siempre encuentra un camino para
enfrentarnos con nuestra última verdad.
Ayer fué el Avian flu, Ebola, la Peste Negra.
Hoy, es COVID-19.
La pregunta es ¿que hemos aprendido?

Paradójicamente,
la distancia social incita acercarnos en más
significativas maneras que descubrir vacunas.
Realizando somos todos más similares que distintos,
urge la cooperación mutua.
De persona a persona, país a país, región a región,
eliminando la pobreza, el hambre, la falta de vivienda,
los abusos de poder sobre seres humanos, y la naturaleza.

Para preservar la vida.

LOVE IN THE TIME OF CORONAVIRUS

Nature always finds a way,
to face us with our ultimate truth.
Yesterday was the Avian flu, Ebola, the Black Death.
Today it is COVID-19.
The question is, what have we learned?

Paradoxically,
social distance incites to come closer in more
meaningful ways besides discovering vaccines.
Realizing we all are more alike than different,
urges mutual cooperation.
Person to person, country to country, region to region,
eliminating poverty, hunger, homelessness,
all abuses of power over human beings, and nature.

To preserve life.

ESE HOMBRE

Cuando arribaba la claridad.
recreaba ese Hombre la luz junto al océano.
Muy quedo allí se dejaba estar,
atrapando los inquietos pececillos
del Mar de la Verdad.

Desde el Azul infinito,
el Sol desciende en el horizonte.
La primera estrella enciende el
candelabro de la noche.
Entonces,
se mezclaba entre la gente

"Veo los generosos y libres.
Otros encadenados por codicia.
Ellos son los que postergan recelosos,
en todos la condicion de vuelo.
Ellos auscultan ambiciosos
los dominios del cielo, para afincarse temerosos
a la tierra cautiva de su estéril suelo".

Mientras caminaba,
a descifrar el enigma humano
se dispuso esperanzado.
El tiempo llegará
cuando la luz se refleje en personas,
como siempre en los espejos.

THAT MAN

At daybreak that Man would
recreate light by the ocean.
He paused there,
netting the fish of the
Sea of Truth.

From a fading blue,
the Sun descends in the horizon.
The early star lights
the candelabra of night.
Then,
He would walk among the people

"I see the generous and free.
Others chained by greed.
They are the ones,
that deaden in all the human impulse to soar.
Ambitiously they look out to the sky,
to clutch in fear the captive earth
in their sterile grasp"

As He walked,
deciphering the human enigma
became more hopeful.
The time will come,
for light to reflect in persons
as it always does in mirrors.

INDICE VERSION ESPANOL

INDEX ENGLISH VERSION